Quart Verlag Luzern   Anthologie 27

# Rapin Saiz

T0352713

Rapin Saiz
27. Band der Reihe Anthologie

Herausgeber: Heinz Wirz, Luzern
Konzept: Rapin Saiz, Vevey; Heinz Wirz
Text-Lektorat Deutsch: Annika Greuter, Heidelberg
Übersetzung Französisch-Deutsch: Christian Rochow, Berlin
Fotos: Joël Tettamanti, Lausanne S. 8, 9 (rechts), 22, 42 (Nr. 3, 4, 5);
Ralph Blättler, Zürich S. 12–17, 34–37; Jean-Michel Landecy, Genève
S. 28–33; Lionel Henriod, Lausanne S. 20, 21, 24–27; Alan Hasoo, Lausanne
S. 9 (links), 11; Philipp Schaerer, Zürich S. 42 (Nr. 1); xy-ar.ch (Fumeaux &
Poncety architectes sàrl), Lausanne S. 43 (Nr. 6), 45 (Nr. 12); Alain Wolff,
Vevey S. 44
Grafisches Konzept: Quart Verlag; Sandra Binder, Lausanne
Grafische Umsetzung: Quart Verlag, Antonia Wirz
Lithos: Printeria, Luzern
Druck: DZA Druckerei zu Altenburg GmbH

Quart Verlag GmbH
Denkmalstrasse 2, CH-6006 Luzern
books@quart.ch, www.quart.ch

# Anthologie 27 – Notat

Heinz Wirz

Seit 2004 besteht diese Reihe kleiner, schwarzer Bändchen über die Bauten von Schweizer Architekten, die allesamt um die 40 sind. In der Summe der Bände entsteht allmählich eine Art Gedächtnis der Architektur, und dies in einer Epoche, in der so viel gebaut wird wie in keiner zuvor. Die Publikationen haben einzigartigen dokumentarischen Wert und dienen den Architekten auch dafür, die eigene Architektur in Bild und Wort zu erklären und zu verteidigen.

Der vorliegende Band widmet sich Vincent Rapin und Maria Saiz. Nach Studien an der EPF Lausanne und Praxiserfahrungen bei namhaften Architekten in Rom und Madrid partizipieren sie mit Erfolg an einigen Wettbewerben und realisieren schon früh kleinere Projekte. Damit können sie ihre Erfahrungen aus der internationalen Architekturszene in die Tonart regionaler Siedlungen transponieren. Beim Umbau eines historischen Bauernhauses in Bellmont etwa befreien sie das rurale Gebäude von früheren Einbauten und legen so seine Qualitäten frei. Mit ihren minutiös und sachlich gestalteten Eingriffen gelingt es ihnen, das scheinbar Alltägliche des Gebäudes und selbst die Umgebung angemessen zu nobilitieren. Diese Art von Noblesse erreicht das Architektenpaar auch bei seinen Neubauten. Das Dreifamilienhaus ausserhalb von Jongny steht an einem extrem unwirtlichen Ort, erzeugt jedoch mit verschieden abgewinkelten Fassaden und der rohen Sichtbetonfassade eine gleichsam metaphorische Verbindung zu dem schroffen Gelände. Im Innern löst sich diese Schroffheit in einem wohnlichen, sich dem Licht und der Aussicht öffnenden Raumgefüge auf. An dem jüngst fertiggestellten Schulhaus in Marsens ist diese integrative Haltung noch deutlicher erkennbar. Ein im Grundriss leicht abgewinkelter Solitär ergänzt perfekt die rurale Streusiedlung und demonstriert, was Architektur zu leisten vermag, wenn sie die dörfliche Struktur angemessen vervollständigt und zu einem klangvollen Ganzen veredelt.

*Luzern, im Juli 2013*

# Gebäude ausserhalb des Dorfs, Jongny
2010

Das Gebäude wurde in einen Steilhang gebaut, der sich zwischen dem Genfersee und dem Greyerzersee und zwischen einer Strasse und einem Flusslauf befindet. Zur Definition und Gestaltung des Orts trägt es nichts bei, bezieht aber aus ihm sein Mass und seine Ausdruckskraft. Wie das Gelände selbst zeigt das Gebäude aussen eine gewisse Ambivalenz: Zum einen präsentiert es sich, der Schroffheit der Topografie geschuldet, als ein erratischer Block, gleichzeitig aber dank der Gestaltung des Dachs, der Ausbauelemente und des Geländers auch elegant und nutzerfreundlich. Die drei Wohnungen öffnen sich zur Landschaft, die talwärts gerichtete Fassade und ihre Balkone greifen fächerförmig aus, um die grösstmögliche Verbindung zum Fluss, dem Waldgürtel, dem See und den in der Ferne liegenden Alpen herzustellen.

Im Kontrast hierzu zieht sich das Gebäude bergseitig zusammen und schliesst sich schützend ab, abgesehen von einigen Öffnungen, die wie Sehrohre die Strahlen der Abendsonne einfangen ...

Im Inneren beschränkt sich die Materialpalette auf drei Elemente: Fussböden aus Beton, weiss verputzte Wände sowie Türen und Fenster aus Lärchenholz. Das Ambiente wird durch die Landschaft bereichert, die mit ihren Vibrationen, Reflektionen und dem Spiel von Licht und Schatten in die Zimmer hineinreicht.

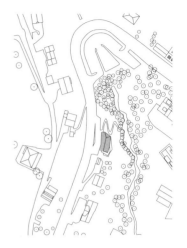

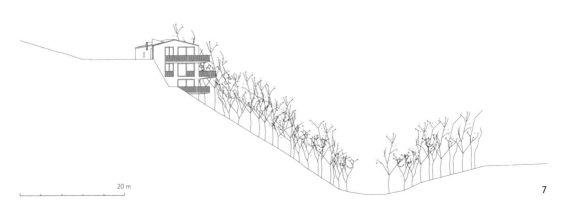

20 m

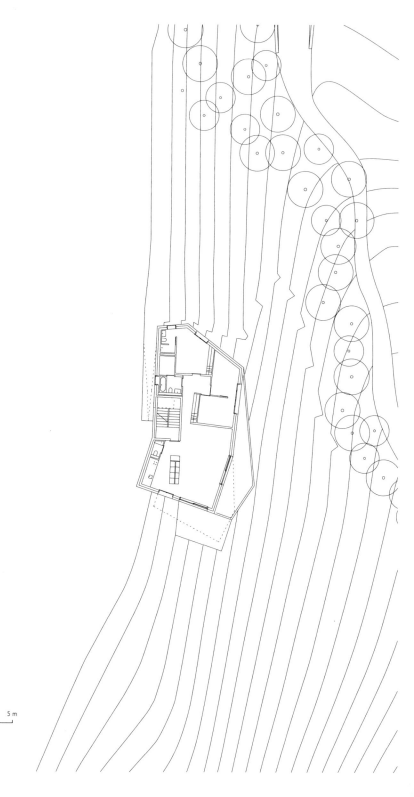

**10**

5 m

# Dörfliches Haus, Savuit
2006

Das auf den Ruinen eines alten Bauernhofs errichtete Gebäude steht frei und ist leicht von der Dorfstrasse, die sich durch den Weiler Savuit zieht, zurückgesetzt. Die Begrenzung zur Strasse übernimmt nicht das Haus selbst, sondern die vorgelagerte Gartenmauer.

Das Gebäude steht auf den Ruinen einer Scheune und eines Pferdestalls, der überflüssig wurde, weil heute für die Arbeit in den Weinbergen keine Pferde mehr eingesetzt werden. Um den historischen Bezug zu bewahren, wurden die für alte Scheunen und Pferdeställe typischen Materialien – Mauerwerk und Holz – ebenso beibehalten wie die Masse und die einem ländlichen Gebäude entsprechende schlichte und bescheidene Geometrie.

Die drei Wohnungen verbergen sich hinter einer Verkleidung aus einer Holzschalung, sodass die Dimensionen der Öffnungen in der Fassade keinen Rückschluss auf die innere Gliederung zulassen. Fassadenseitig erkennt man nur kleine Durchbrüche in der Holzverkleidung, die den geschlossenen Charakter des Bauwerks betonen, obschon die Öffnungen tatsächlich viel grösser sind. Der Unterschied zwischen den beiden Schichten zeichnet sich nachts deutlich ab.

20 m

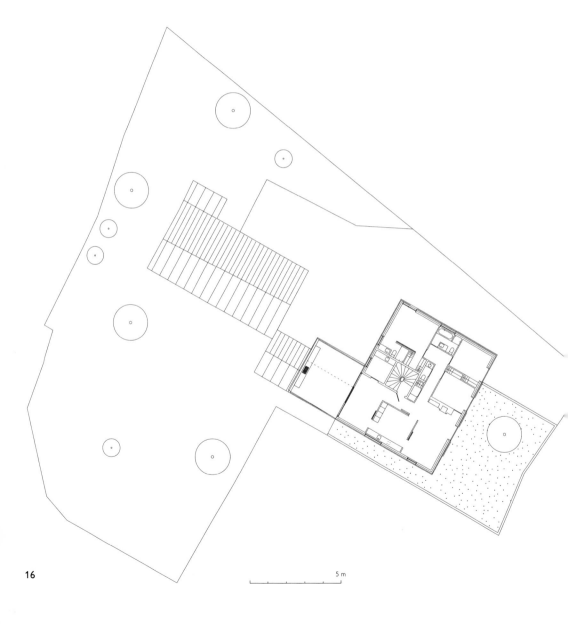

5 m

# Villa Stine, Vevey
## 2011

Die Villa Stine wurde in den 1980er Jahren auf einem leicht abschüssigen Grundstück auf den Höhen von Vevey errichtet. Das halbgeschossweise gegliederte Gebäude besitzt zwar eine interessante Gestalt, nutzt aber die möglichen Beziehungen zum Garten und den Blick auf die Stadt, den See und die Alpen nicht aus. Das Projekt zielt darauf ab, den Ausdruck des Hauses zu verändern und den Bezug auf den Garten zu verbessern und auszuweiten.

Unter Beibehaltung der halbgeschossigen Aufteilung wurden die Funktionen im Haus beträchtlich umgestaltet. Das Wohn- wurde mit dem Schlafgeschoss vertauscht, um die Beziehung zum Garten zu verbessern. Darüber hinaus gestattete eine Einbuchtung im existierenden Baukörper die Errichtung einer Erweiterung, die einem Drittel der ursprünglichen Fläche entspricht.

Das neue Haus hat sich im Ausdruck, in der Ausdehnung und Aufgliederung verändert. Es hat sich das ursprüngliche Gebäude einverleibt – nichts scheint sich verändert zu haben, während doch alles anders ist.

Das Haus ist geprägt von der dänischen Herkunft der Besitzerin, einer Künstlerin, deren Beteiligung an dem Projekt einen wichtigen Beitrag darstellte.

20 m

10 m

# Berghütte, Sarreyer
2007

Die an den Hängen des Val de Bagnes stehende Hütte wurde Anfang des 19. Jahrhunderts errichtet. Die Bohlen, aus denen sie gebaut wurde, zeigen die Spuren früherer Verwendung. Sie verraten, dass dieses Gebäude auf früheren Wiederverwertungen beruht.

Das Gebäude hat seine ursprüngliche landwirtschaftliche Funktion verloren; das neue Programm schlüpft in dieses tote, verlassene Gehäuse wie ein Einsiedlerkrebs in ein leeres Schneckenhaus. Der Eingriff bewahrt die ursprüngliche Identität des Gebäudes, auch wenn wir uns einige Veränderungen des erhaltenen Gehäuses gestattet haben, die teils funktioneller Notwendigkeit, teils der Gelegenheit geschuldet sind.

Das Innere wirkt autonom und behaglich und steht in ausgeprägtem Kontrast zu der Schroffheit des Geländes und der umgebenden Landschaft.

20 m

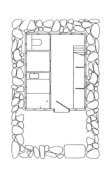

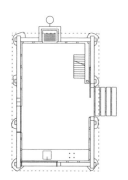

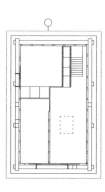

5 m

# Bauernhaus, Belmont
2002

Die ersten verzeichneten Spuren dieses Bauernhauses, das an der Ecke einer grossen Weide steht, stammen aus dem Jahr 1832. Der ruinöse Zustand des Gebäudes erforderte Sanierungsmassnahmen. Die Herausforderung bestand darin, eine Auslese unter den vielen Spuren früherer Eingriffe vorzunehmen, und damit jene zu erhalten, die den eigentlichen Charakter des Hauses ausmachten, um so diese verlorene Qualität zurückzugewinnen.
Ein Anbau und ein Wasserbecken – Elemente, die der ländlichen Welt entlehnt sind – wurden hinzugefügt, um einen Hofraum als Übergangszone zwischen dem Garten und der Strasse zu gewinnen.
Drei Materialien wurden verwendet: Kalkstein, Lärchenholz und schwarzer Beton, der eine Reminiszenz an die Kohleadern darstellt, die den Boden in dieser Region durchziehen. Das Projekt bezieht seine Kraft aus winzigen Spannungen zwischen Vergangenheit und Gegenwart, der Materie und dem Licht. Die sichtliche Zurückhaltung des Eingriffs betont bestimmte ausgewählte Qualitäten des alten Bauwerks und des ungewöhnlichen Geländes.

20 m

29

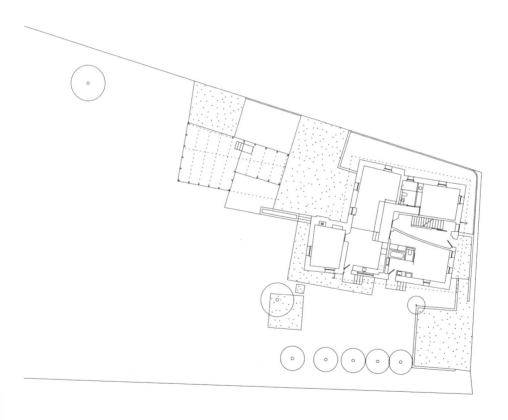

5 m

## Gartenpavillon, Conches
2006

Das Haus Monti gehört zu einer Reihe von Anbauten, die einem 1923 er-
richteten Haus hinzugefügt wurden. Dank seiner reduzierten Fläche und
seiner Unabhängigkeit vom Hauptgebäude bleibt sein eigentliches Wesen
zweideutig: Es ist zugleich Pavillon, Atelier und Gartenhaus. In dem kom-
pakten Volumen des Pavillons sind ein Schlafzimmer, ein Badezimmer und
ein Wohnzimmer/Atelier über das Erdgeschoss und das offene Zwischen-
geschoss verteilt.

Im Inneren schaffen zwei präzise gesetzte und dimensionierte Fenster
subtile Belichtungs- und Sichtbezüge. Die grosse Glaswand im Erdgeschoss
offenbart unerwartet den Kontrast der Grössenordnung zwischen dem
kleinen Gebäude und dem viel grösseren Garten, in dem es steht. Das
zweite, oben angebrachte Fenster lässt nur den Himmel, die Wolken und
die herrschende Witterung erkennen.

In konstruktiver Hinsicht besteht das Gebäude aus einem vorgefertigten
Holztragwerk; für die Fassade wurde sägerohes, schwarz gebranntes Tan-
nenholz verwendet.

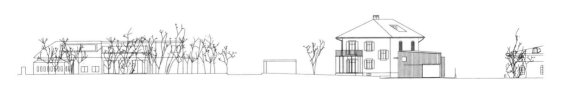

20 m

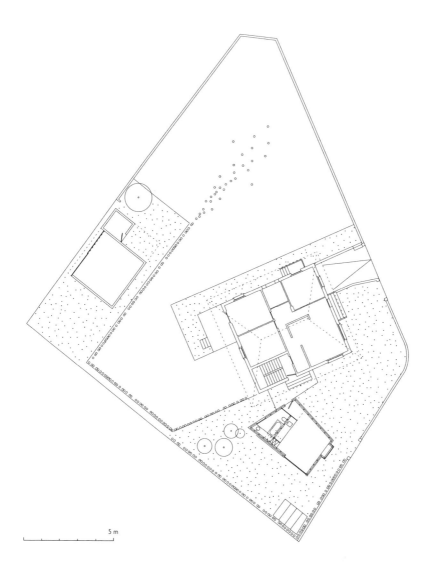

5 m

36

# Schule und Dorfplatz, Marsens
2013

Die neue Schule verläuft längs der alten Dorfstrasse und nimmt die ursprüngliche morphologische Organisation des Dorfs auf. Zusammen mit der Kirche definiert das leicht zurückgesetzte Gebäude einen Platz, der dem Massstab des Dorfs entspricht. In seiner Scharnierposition hat die neue Schule über einen Weg, der entlang dem Gelände verläuft und unterwegs andere Orte passiert, direkte Verbindungen zu den beiden anderen Schulgebäuden. Die Anlage folgt dem Verlauf der Mulde, durch die ein kleiner Fluss fliesst.

Mit seinem Ausdruck und seinem Material bezieht sich die neue Schule auf die alten Bauten des Dorfs. Die Fassaden aus verputztem Mauerwerk haben eine Sockelzone und zeichnen sich durch bewegte Texturen aus. Die Form des Dachs und die Knicks in der Fassade erlauben es, das Volumen aufzuteilen und verändert wahrzunehmen. Je nach den gewünschten Beziehungen zur Umgebung erscheint es eher hoch oder eher klein.

Das Projekt verteilt sich auf drei Geschosse, die jeweils zwei Klassenzimmer enthalten. Die Typologie des alten Schulgebäudes wird neu interpretiert.

20 m

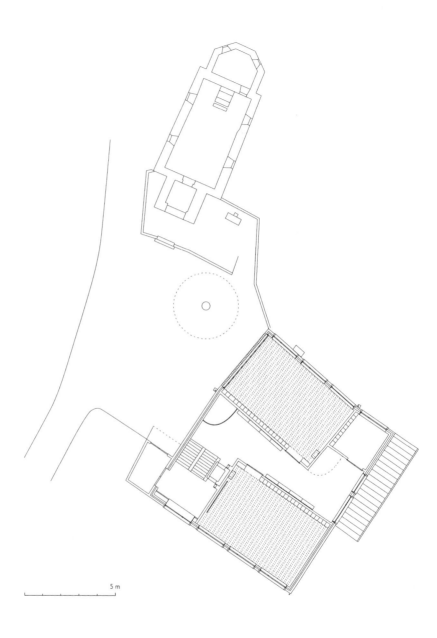

5 m

# Werkverzeichnis
## Auswahl Bauten, Projekte und Wettbewerbe

| | |
|---|---|
| 2000 | Städtebauliche Studie zum Zentrum von Renens |
| | 9° nördlicher Breite, ein Busbahnhof in Burkina Faso |
| 2002 | Bauernhaus, Belmont |
| | Ferienhaus, Cap d'Antibes |
| 2003 | Zahnärztliche Klinik C1, Genève (mit DeLaMa, Genf) |
| | Wettbewerb, Ecole de Vers-chez-les-Blancs, |
| | Lausanne, 3. Preis |
| | (in Zusammenarbeit mit Marie Getaz und Lucien Barras) |
| | Wettbewerb, Gymnasium Burier, La Tour-de-Peilz, |
| | 3. Preis |
| 2004 | Wettbewerb, Medizinisch-soziale Einrichtung in Bru, |
| | Grandson, 3. Preis |
| 2005 | Wettbewerb, 60 Wohnungen Victor Ruffy, Lausanne |
| | (mit Alain Wolff, Vevey) |
| 2006 | Dörfliches Haus mit 3 Wohnungen, Savuit |

1

2

3

4

5

| 2006 |   | Haus Aguet, Lutry |
|---|---|---|
|   |   | Gartenpavillon, Conches |
|   |   | Haus Bardou, Nax |
|   | 4 | Wohngebäude rue Louis de Savoie 59 und 63, Morges |
| 2007 |   | Haussmann-Appartement, Paris |
|   |   | Raccard de Montagne, Sarreyer |
|   | 1 | Wettbewerb, Musikkonservatorium, Yverdon, 2. Preis |
|   |   | (in Zusammenarbeit mit Mazzapokora, Zürich) |
|   |   | Wettbewerb Pfarrei und öffentliche Fläche im |
|   |   | historischen Dorf, Saxon, 2. Preis |
| 2008 |   | Haus Birgit, Vevey |
|   |   | Wettbewerb Neues Parlament, Lausanne (mit Alain |
|   |   | Wolff, Vevey) |
|   | 2 | Wettbewerb, OAI-Verwaltungsgebäude, Vevey, 3. Preis |
|   |   | (in Zusammenarbeit mit Alain Wolff, Vevey) |

6

7

8

| 2009 | 3 | Büroräume der Steuerbehörde, Vevey |
|------|---|-----|
| | | Wettbewerb, Salle del Castillo und Jardin du Rivage, Vevey, 6. Preis |
| | | (in Zusammenarbeit mit dem Landschaftarchitektur-büro Jean-Yves Le Baron, Lausanne) |
| | | Château de Montcherand |
| 2010 | | Haus ausserhalb des Ortes mit 3 Wohnungen, Jongny |
| | | Berghütte, Versegères |
| | 5 | Therapeutische Einrichtung, La Tour-de-peilz |
| | 6 | Wettbewerb, 120 Appartements, Aigle, 2. Preis |
| | | (in Zusammenarbeit mit Alain Wolff, Vevey, und ADR Architectes, Genf) |
| | | Planungsstudie, Quartier Secteur Cff, Payerne |
| | | Planungsstudie, Aufwertung des Erschliessungsgeländes, Bex (mit Mazzapokora, Zürich) |
| 2011 | | Haus Stine, Vevey |
| | | Planungsstudie «Jenseits der Wälle», Grandson (mit Christophe Husler) |

9

10

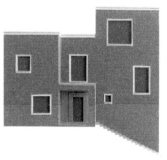

11

| 2011 |   | Wettbewerb, Ecole de Morettes, Prangins, 4. Preis |
|------|---|---------------------------------------------------|
|      | 7 | Wettbewerb, Ecole des Botzets, Freiburg i.Ü. |
|      |   | Planungsstudie, Grandes Buttes-Jardins, Rolle |
| 2012 | 13 | Komplex mit 5 Wohnungen, Orsières |
|      | 8 | Chalet Thomassey, Diablerets |
|      | 10 | Wettbewerb, Ecole de Mabillon, Monthey (mit Carlos Puente, Madrid) |
|      | 9 | Studie, RTS-Erweiterung, Lausanne |
| 2013 |   | Schule und Dorfplatz, Marsens, 1. Preis |
|      | 12 | Komplex mit 20 Wohnungen, Coinsins, 1. Preis (in Zusammenarbeit mit Alain Wolff, Vevey) |
|      |   | Villa du Levant, Lausanne |
|      |   | Haus Ada, Lausanne |
|      | 14 | Dörfliches Haus mit 6 Wohnungen, Nov, Echichens |
|      | 11 | Villa Copernic, Brüssel |
|      |   | Chalet Npc, Chamonix |

12

13

14

45

|            | *Vincent Rapin* |
|------------|-----------------|
| 1972 | geboren in Lausanne |
| 2000 | Studium an der EPF Lausanne, Studiengänge bei Tony Fretton und Luigi Snozzi |
| 1998 | Mitarbeit bei n! Studio, Rom |
| 2000 | Eröffnung des eigenen Büros |
| 2002/2006/2007 | Assistent bei den Professoren Vincent Mangeat, Sergison Bates und Jamie Fobert an der EPF Lausanne |
| seit 2011 | Mitglied der Comission d'urbanisme der Stadt Vevey und des Bundes Schweizer Architekten BSA |
|            | verheiratet mit Maria Saiz; zwei gemeinsame Kinder; lebt in Vevey |

|            | *Maria Saiz* |
|------------|--------------|
| 1974 | geboren in Madrid, Spanien |
| 2002 | Studium der Architektur und des Städtebaus an der ETSA Madrid (Studiengänge bei Emilio Tuñon) und an der EPF Lausanne |
| 1997/2001 | Mitarbeit bei Cano Lasso, Madrid, und Jean Locher, Lausanne |
| 2002 | Eintritt in das Büro von Vincent Rapin |
| 2006/seit 2012 | Assistentin bei den Professoren Jean-Paul Jaccaud und Bakker & Blanc an der EPF Lausanne |
| seit 2011 | Mitglied des Bundes Schweizer Architekten BSA |
|            | verheiratet mit Vincent Rapin; zwei gemeinsame Kinder; lebt in Vevey |

| MitarbeiterInnen | Mona Dorion, Felipe Moreira, Jaouida Zehou, Camille Tréchot, Cinthia Figueroa, Bruno Vidal, Fatma Ben Amor (Bálint Rigó, Catalina Kohli, Chloé Marrou, Cristina Ibarra, Clara García, Elsa Gomes, Flore Bernigaud, Hanael Sfez, Jean Wagner, Joaquín Rodríguez, Laura Bianchi, Laurent Marquis, Laurent Vuilleumier, Lise-Anne Dalino, Ludovic Tiolliet, Marine Beaumanoir, Mathieu Cornec, Maxime Duvoisin, Miguel Nery, Rosine Lacaze, Simon Orga, Sylvaine Vanet, Thomas Gayraud, Verena Ruhm) |
|------------------|----------------------------------------------------------------------------|

*Ausstellungen, Auszeichnungen, Vorträge*

| | |
|---|---|
| 2004 | Ausstellung *Lémanique FAR*, Lausanne |
| 2009 | *Prix Patrimoine Suisse, Sektion Valais Romand*, Sarreyer (Auswahl) |
| | Vortrag *Pour commencer*, ETH Lausanne |
| 2010 | Vortrag *Intervention*, L-architectes |
| 2011 | Vortrag *ré-Agir*, IENSA Rennes, IENSA Grenoble |

*Bibliografie (Auswahl)*

| | |
|---|---|
| 2004 | Juliette. In: Faces 54/04 |
| 2007 | Casa Monti. In: Lignum 87/07 |
| 2008 | Montcherand. In: Umbauen + Renovieren 5/08 |
| 2009 | Prix Patrimoine Suisse, Section Valais Romand 09, Sarreyer |
| | Mutations du bâti de la vie Rurale: Patrimoine Suisse, Section Valais Romand 09, Sarreyer |

Finanzielle und ideelle Unterstützung

Ein besonderer Dank gilt den Institutionen und Sponsorfirmen, deren finanzielle Unterstützungen wesentlich zum Entstehen dieser Publikation beitragen. Ihr kulturelles Engagement ermöglicht ein fruchtbares Zusammenwirken von Baukultur, öffentlicher Hand, privater Förderung und Bauwirtschaft.

# ERNST GÖHNER STIFTUNG

Bourgoz Paysages Sàrl, St. Sulpice VD

Mémoire Vive SA, Lausanne

U.S.W. AG, Thalwil

Forbo Giubiasco SA, Giubiasco

Pragma, Lausanne

Zumtobel Staff AG, Zürich

Kästli & Cie SA, Belp-Bern

Hubert Sallin SA, Villaz-St-Pierre

Lambelet Charpentier, Puidoux

Sofraver SA, Rosé

Quart Verlag Luzern

*Anthologie – Werkberichte junger Architekten*

Quart Verlag GmbH, Heinz Wirz, CH-6006 Luzern
books@quart.ch, www.quart.ch